SÉANCE PUBLIQUE

DE

LA SOCIÉTÉ D'AGRICULTURE,

SCIENCES ET ARTS D'AGEN;

TENUE DANS L'UNE DES SALLES DE L'HOTEL DE LA MAIRIE,

LE 10 JUIN 1816.

A AGEN,

DE L'IMPRIMERIE DE RAYMOND NOUBEL,

1816.

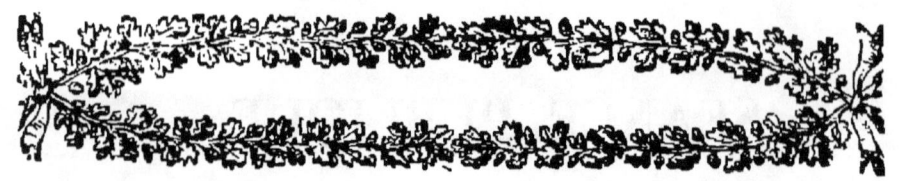

SÉANCE PUBLIQUE

DE

LA SOCIÉTÉ D'AGRICULTURE,

SCIENCES ET ARTS D'AGEN.

M. de St.-Amans, secrétaire perpétuel, a ouvert la séance par le résumé suivant des travaux de la société, depuis sa dernière séance publique.

Messieurs,

Les dernières années qui viennent de s'écouler, si fécondes en événemens désastreux, n'ont point vu se décourager le zèle qui vous anime, et vous présentez une sorte de phénomène, après cette déplorable époque, lorsque rassemblés en séance publique, vous réclamez de votre secrétaire le résumé de vos travaux.

Il vous étoit réservé, Messieurs, le triple mérite du courage dans les crises de l'état, de la persévérance en face d'un avenir effrayant, de l'union au milieu des passions et des opinions exclusives.

Si vos séances furent quelque temps suspendues, si elles ne furent pas toujours très-nombreuses, du moins elles ne furent jamais désertes, jamais stériles, et beaucoup ont été marquées par de satisfaisans résultats. Vos travaux ne furent point interrompus ; et si les occasions vous manquèrent trop souvent pour être utiles, vous n'avez jamais, du moins lorsqu'elles se sont offertes, cessé de signaler votre dévouement.

Pour rappeler ici les preuves de votre constante et fructueuse activité dans la carrière des sciences et des arts, il me suffira d'ouvrir, et d'interroger vos registres.

Vous n'avez point il est vrai, Messieurs, beaucoup sacrifié aux Muses ; presque aucune pièce de vers, aucun ouvrage purement littéraire, autres que ceux qui vous furent adressés, n'ont été lus dans vos séances. Le poids des circonstances entrainoit vos esprits vers des méditations plus sérieuses. En vous occupant d'agriculture, d'économie rurale et domestique, d'histoire naturelle, d'arts libéraux et de sciences, vous ne jetiez point de fleurs sur la route, mais vous marchiez vers le but utile de votre institution.

Dans la foule des objets que je dois retracer à votre mémoire, l'agriculture réclame votre premier souvenir, et le blé lammas votre premier intérêt.

Vous apprendrez sans doute avec plaisir que cette sorte de blé, multiplié par vos soins, va bientôt concourir avec tous les avantages qui lui sont particuliers, à l'augmentation de nos récoltes.

M. *Lamouroux*, fils aîné, professeur d'histoire naturelle, à Caen, ayant été chargé par l'académie des sciences de cette ville, dont il est membre, d'un travail sur le lammas, vous communiqua son ouvrage; il y joignit l'envoi de quelques livres de ce blé que deux de vos membres ont cultivé, et sur lequel ils ont effectué des expériences comparatives.

Du rapport qui vous a été fait, tant sur le travail de M. Lamouroux que sur la culture et les expériences ordonnées par la société, il résulte :

Que l'adoption de cette sorte de froment dans nos campagnes est avantageuse en ce qu'on peut le semer presque en toute saison, avec la certitude de le voir parvenir à une maturité parfaite; il n'en est pas de même du franc blé, ni du gros blé.

Il a le désavantage de s'égrener facilement, si l'on attend sa complette maturité pour en faire la récolte;

La paille du lammas n'est pas aussi bonne que celle du franc blé pour les chevaux; mais les bœufs lui donnent la préférence;

Il résiste plus que les autres blés à l'intempérie des saisons, et aux météores destructeurs des récoltes;

Il est plus facile à égrener ;

Il produit autant que le franc blé dans les bonnes terres, et davantage dans les médiocres ;

Seul il prospère dans les terres à seigle ;

Il donne plus de farine et plus de pain que le franc blé ;

La farine et le pain sont inférieurs en qualité à ceux du franc blé, et supérieurs à ceux des autres espèces ou variétés ;

Le prix du lammas est égal à celui du franc blé dans les marchés du Calvados, et ne paroît pas devoir jamais être au-dessous ;

Enfin, son analyse chimique indique qu'il est plus riche en fécule amylacée, et moins en gluten que le franc blé.

D'après les avantages reconnus que présente la culture du lammas, elle s'est augmentée progressivement par les soins des membres que vous aviez chargés de la surveiller, et quelques hectolitres de ce froment ayant été ensemencés l'année dernière sur leurs possessions territoriales, produiront bientôt les moyens de le cultiver en grand.

Déjà quelques agriculteurs qui ont eu l'occasion de connoître et d'apprécier le lammas, lui ont donné le nom de blé rouge, à cause de sa couleur plus vive que celle du blé ordinaire. Porté sur le marché d'Agen, il y a même été vendu à plus haut prix que ce dernier, et tout fait présumer qu'il sera recherché de préférence par les boulangers.

Deux membres de la société, M. *Carrère* de Redon et votre secrétaire, pourront mettre cette année une partie du produit de leur récolte en lammas, à la disposition des cultivateurs qui voudroient l'introduire dans leurs moissons.

On ne sauroit prononcer le nom de M. Carrère dans cette réunion, sans se rappeler tous les services qu'il a rendus à l'agriculture, et ceux qu'elle doit retirer encore de son zèle et de son expérience. Fixé toute l'année au milieu de ses exploitations, il les fait valoir avec une activité, avec une intelligence, presque toujours couronnées par le succès. Les procédés dont il fait usage, imités par ses voisins, ne peuvent manquer de s'étendre insensiblement. Déjà les germes d'une meilleure culture commencent à se développer autour de lui ; comme lui, on semera bientôt à plat dans les terrains qui l'exigent, on augmentera les prairies artificielles, on bannira les jachères, on battra sa récolte sur l'aire, avec le rouleau accéléré dont il est l'inventeur, et on se servira des outils aratoires dont il a perfectionné la construction et l'usage. Sans oser prédire l'époque où notre agriculture doit rivaliser avec celles des pays célèbres sous ce rapport, il est permis d'espérer que ces progrès seront désormais bien plus rapides, et que nous retirerons un jour de notre sol tout ce qu'il peut produire. Déjà beaucoup d'habitans de nos campagnes devenus propriétaires et plus aisés, ont élevé une habitation au milieu de leur petit domaine, et le cultivent comme un jardin. Des militaires de tout grade, après de longues courses dans les pays étrangers, sont revenus sous le toit paisible de leurs ayeux, et sont rentrés honorablement dans la carrière du travail et de l'industrie. Dépouillés de leurs préjugés agricoles, ils accueilleront plus favorablement désormais les procédés d'une saine théorie, se prêteront plus volontiers à l'introduction des nouvelles méthodes, et disposeront l'esprit de leurs compatriotes à recevoir les conseils de l'expérience et les lumières de l'observation. Enfin, de grands, de riches possesseurs de terres, actuellement retirés à la campagne, s'intéressent vivement aux progrès de l'agriculture. Ils font de leurs exploitations rurales des centres d'instructions où les cultivateurs voisins puisent des connoissances utiles. Pourquoi notre agriculture ne seroit-elle pas enfin sur le point de faire les mêmes progrès que l'industrie dont le grand développement nous étonne chaque jour? Au milieu de ce mouvement général des esprits qui donne à tous les arts une impulsion si remarquable, au milieu de tous les combinaisons du talent et de l'intérêt, ne doutons point que l'agriculture n'acquière enfin parmi nous le dégré de perfection dont notre sol et notre climat la rendent éminemment susceptible.

L'un des ouvrages les plus propres à produire en économie rurale et domestique un heureux résultat, est sans doute l'ouvrage de feu *Parmentier* sur la culture et les usages du maïs. Son respectable auteur l'ayant fait parvenir à la société, M. de *Sevin-Talives* s'occupa de son analyse, et en fit un précis très-instructif; mais la culture de ce grain étant déjà très-répandue dans le département où tous ses usages sont connus, la société a jugé superflu de publier ce précis, ainsi qu'elle en avoit d'abord formé le projet.

Il est une branche d'industrie agricole qu'on ne sauroit trop recommander dans le département, c'est l'éducation des abeilles. Le produit qu'on en retire est maintenant presque nul dans nos campagnes, et très diminué même dans la partie des Landes où il peut être considéré comme assez lucratif. La société, convaincue de l'avantage qu'il y auroit d'augmenter ce produit qui n'exige presque aucun travail, s'en est occupée pendant plusieurs séances. M. *Phiquepal* le père fit un rapport qui ne laissoit rien à désirer sur cet objet; la société délibéra son impression afin de le répandre avec profusion dans les campagnes. Ce vœu n'a point été réalisé. Le rapport de notre confrère, qui traitoit principalement des ruches pyramidales ou écossaises, et qui offroit un précis de tout ce qu'on avoit dit d'essentiel sur ces ruches, alloit être livré à l'impression, lorsque repassé momentanément dans les mains de son auteur, dont la société eut peu après à déplorer la mort inattendue, il n'a plus été possible de le retrouver. Espérons que si la société est condamnée à regretter l'un de ses membres les plus zélés et les plus instruits, elle cherchera du moins à réparer par un nouveau travail sur le même sujet, la perte de son ouvrage.

M. *Suriray-de-la-Rue* l'aîné, a fait part à la société de quelques expériences qu'il a tentées dans la vue d'améliorer et de rendre plus productive l'espèce de tabac cultivée dans le département. La société l'a engagé à continuer ses expériences, à les varier, à essayer même la voie difficile et délicate des générations hybrides, pour obtenir le résultat qu'il s'est proposé, et qui pourroit être avantageux à cette branche de culture et d'industrie locale.

M. *Suriray-de-la-Rue*, frère du précédent, et portant comme lui dans la culture de la même plante toutes les lumières de l'observation et de l'expérience, a recherché avec soin les insectes qui lui sont nuisibles, et a fait hommage à la société d'une très-intéressante notice à ce sujet. Le plus destructeur de ces insectes paroit à l'auteur la larve d'une petite phalène décrite par Geoffroy. Il ne semble pas, au surplus, qu'il soit aussi multiplié dans notre département qu'aux environs de Cahors, où les grands dégats qu'il exerce dans les plantations, ont offert à M. Suriray le désir de le chercher et l'occasion de le connoître.

Le sieur *Bareyre*, médecin vétérinaire, à Tonneins, a présenté à la société un mémoire sur le vertige comateux du cheval, accompagné d'une inflammation des reins, encore non mentionné dans les ouvrages de médecine vétérinaire. Ce mémoire, très-bien fait, annonce dans son auteur toutes les lumières de l'art réunies à un esprit propre à l'observation. Sa rédaction est claire et méthodique. Le sieur Bareyre a fait de longues et de bonnes études à l'école royale d'Alfort, d'où il est arrivé récemment, et dont il est un des meilleurs élèves.

M. de *Sevin-Talives* vous a soumis un mémoire sur les inconvéniens du salpêtre de houssage (nitrate calcaire) qui se manifeste en abondance sur la plupart des anciennes murailles, et se reproduit sur les nouvelles lorsqu'elles sont construites avec de vieux matériaux.

Presque toutes les maisons de la ville d'Agen, offrant plus ou moins les traces de ce sel neutre qui nuit également à la salubrité et à la solidité de nos demeures, l'auteur pense que la société devroit proposer un prix pour la découverte d'un enduit, ou de tout autre moyen, qui puisse s'opposer à la formation de ce sel, ou le faire disparoître soit à l'extérieur, soit à l'intérieur des bâtimens dans lesquels il a commencé à se manifester.

Dans cette vue, l'auteur présente un projet de délibération à prendre par la société. Il y indique les conditions du programme, fixe le délai après lequel le prix pourroit être délivré, et mentionne le procédé nécessaire pour constater l'efficacité des moyens proposés.

La haute importance de cet objet méritant toute l'attention de la société, elle a délibéré que le travail de M. de Sevin-Talives seroit pris en considération expresse, lorsque les circonstances lui permettroient de publier le programme des prix qu'elle est dans l'usage de proposer pour l'encouragement et le perfectionnement des arts utiles.

M. *Auguste Menne*, qui avoit bien voulu, sur votre invitation, se rendre à l'école expérimentale d'Alby pour la fabrication de l'indigo du pastel, et qui à son retour procéda sous vos yeux à l'extraction de cette substance indispensable à la teinture, a terminé ses travaux à cet égard par un mémoire dont il a fait hommage à la société.

M. Menne, dont les connoissances très-étendues en chimie garantissoient les succès, seconda puissamment, dès son arrivée, M. de Puymaurin, directeur de l'école expérimentale, il devint pour ainsi dire son coopérateur, connut bientôt et raisonna toutes les opérations, dirigea les ouvriers dans leurs travaux, et s'instruisit à fond de tous les procédés. Le mémoire qu'il vous a présenté ne laisse rien à désirer sur l'objet de sa mission, qu'il a traité dans toutes ses parties et dans tous ses détails. Ce mémoire a été entendu avec infiniment d'intérêt, par la société, sous le double rapport de la méthode et de la précision du style. Il traite successivement de l'histoire naturelle du pastel, de sa culture, de ses divers usages, de la manière d'en extraire l'indigo; contient tous les renseignemens, toutes les indications qui peuvent être nécessaires pour obtenir cette fécule, et remplit complettement les vues de la société.

M. Menne, ayant ensuite mis sous vos yeux plusieurs échantillons en laine, coton et fil, résultans des opérations qu'il avoit exécutées depuis son retour d'Alby avec le pastel recueilli dans le département de Lot-et-Garonne; l'examen le plus scrupuleux n'a pu vous faire découvrir la moindre différence entre les produits de cette sorte d'indigo, et ceux de même nature teints avec l'indigo du Bengale, auxquels vous les avez comparés.

L'indigo préparé par M. Menne n'a point, il est vrai, l'aspect de celui du commerce, il n'a point la couleur vive, le coup-d'œil cuivré qui distingue le bel indigo; mais la teinte qu'il donne est la même; l'expérience l'a suffisamment constaté, le but est atteint. D'ailleurs, M. Menne a opéré dans un atelier dénué de plusieurs objets qui lui auroient été nécessaires; il a employé un pastel apporté par les cultivateurs sur l'invitation inopinée de M. le Préfet, et qui, recueilli à la hâte, étoit mal conditionné. Il n'est pas douteux qu'une seconde opération n'eût encore mieux réussi, et que la société ne doive se regarder comme surabondamment dédommagée de tous les frais que cette entreprise utile peut lui avoir occasionnés.

L'art de guérir, cet art secourable, presque divin, qui tend à conserver notre existence, qui soulage quelquefois nos maux, qui du moins nous console, trouve dans le sein de la société l'accueil empressé qu'il mérite de la part des amis de la nature et de l'humanité. Tous les mémoires, toutes les observations qui lui sont adressés, excitent sa reconnoissance, sont mentionnés dans ses registres, et religieusement conservés dans le dépôt de ses archives.

Nous rappellerons seulement ici trois mémoires relatifs à la maladie épidémique due au passage des prisonniers de guerre espagnols sur notre territoire, et remis à la société par M. le comte de *Villeneuve-Bargemont*, alors préfet du département. Le premier de ces mémoires ayant pour épigraphe ces mots : *utilitate hominum nihil debet esse homini præstantius*, est de M. *Lalaurie*, médecin, à Villeneuve; MM. *Fonfrède* et *Belloc*, dont la société déplore aujourd'hui la perte, et M. *Géraud*, chirurgien, à Agen, ont souscrit le second, et M. *Descamps*, médecin, à Castillonnès, est auteur du troisième.

Il ne nous appartient point de juger de pareils ouvrages, fruits d'une théorie savante et d'une pratique consommée. Plus recommandés d'ailleurs par les noms de leurs auteurs qu'ils ne pourroient l'être par nos éloges, ils resteront dans vos mains pour y avoir recours, si jamais les malheureuses circonstances, dont le souvenir nous afflige encore, venoient à se renouveler.

M. *Ignace Yauregui*, premier médecin de Ferdinand VII, roi d'Espagne, vous a présenté sur la même épidémie, et pour titre d'admission, une notice dans laquelle il traite des moyens curatifs et préservatifs dont il a fait un heureux usage en faveur de quelques-uns de ses compatriotes. Cet écrit, d'un étranger encore peu familier avec la langue française, se distingue par des vues nouvelles : vous y avez applaudi au vaste savoir partout réuni à la plus active philantropie; il est resté dans les mains de son auteur.

En rappelant ces divers ouvrages, on aime à prévoir que si dans la suite un pareil fléau venoit encore affliger nos contrées, les avis qu'ils contiennent ne seroient point perdus pour l'humanité; on aime à se persuader qu'ils éclaireroient les ames les plus ardentes sur la prudente réserve qui souvent est nécessaire dans l'exercice de la charité, on aime surtout à penser que l'autorité tutélaire mieux instruite, surveilleroit davantage ces grandes réunions d'hommes qui voyagent en portant dans leur sein des germes de mort ; qu'elle auroit l'attention de fixer leur logement hors de l'enceinte des villes, dans des locaux bien aérés ; qu'elle deviendroit plus sévère dans l'exécution des mesures de police qui ont pour objet d'entretenir la propreté des villes et leur salubrité. Tels sont les avantages qu'on doit attendre de ces écrits dictés par un zèle aussi pur qu'éclairé, et que leurs auteurs ont consacrés à l'utilité publique.

M. *Pichauzel*, médecin, à Clairac, dirigeant ses travaux vers les moyens de soulager une douloureuse et cruelle infirmité, vous a présenté un mémoire sur le cathétérisme. Ce mémoire, qui offre des vues nouvelles sur le moyen d'employer un instrument dont il a perfectionné la construction et l'usage, a obtenu l'approbation des gens de l'art, et a valu à son auteur une médaille qui lui a été décernée par la société médicale de Bordeaux. Cet ouvrage est aussi déposé dans vos archives.

De toutes les parties de l'histoire naturelle, l'ornithologie est peut-être la plus attrayante et la plus agréable à cultiver. Les oiseaux paroissent s'élever et se soutenir dans les airs, malgré les lois de la gravitation universelle. Leurs habitudes, leurs mœurs sociales, leur instinct délicat, cet attachement de famille dans lequel nous pouvons trouver des exemples, ces migrations périodiques qui annoncent les saisons, et dont l'agriculture pourroit tirer quelques résultats, l'élégance, la

variété

variété de leurs formes en général, l'éclat de leur plumage, et la douceur de leur chant, tout nous invite et nous lie à l'observation de cette classe nombreuse d'êtres animés; tout nous promet l'utilité réunie à l'agrément dans leur étude.

M. *Cyrille Graulhié*, faisant à la campagne un séjour presque habituel, n'a pu regarder autour de lui, sans voir avec intérêt les tribus aîlées dont il étoit environné, solliciter partout sa pensée et réclamer l'emploi de ses loisirs. Entraîné par le besoin d'observer et de connoître, il ne tarda point à se livrer à la recherche et à l'étude méthodique des oiseaux indigènes de nos contrées. Il parcourut les bois, le bord des eaux, les campagnes fertiles, les landes stériles du département. Il tendit des pièges aux petites espèces, poursuivit hostilement les plus grandes, éleva, nourrit chez lui les moins communes, les conserva au moyen de l'empaillement et de préparations soignées, en forma des collections, examina scrupuleusement leurs variétés. Soit les espèces sédentaires qui n'abandonnent pas nos climats, soit celles qui ne font chez nous qu'une apparition passagère, il les classa toutes, et les décrivit selon un ordre systématique; et le résultat de ce travail fut une ornithologie de notre département, telle que, peut-être, aucun autre département ne pourroit se vanter d'en avoir une plus complette.

C'est de cet ouvrage important, continué pendant plusieurs années avec une assiduité laborieuse, que M. Graulhié a fait hommage à la société. Envisagé sous le rapport de la méthode, il vous a paru digne d'éloges ; et lorsque vous l'avez considéré du côté du style, vous lui avez trouvé le mérite de la clarté, de la précision convenables au sujet. La rédaction de cet ouvrage, qui renferme quarante-trois genres et deux-cent-douze espèces, est partout également et sagement soutenue entre la sécheresse et la monotonie du langage systématique, qui fatiguent même les savans exclusifs, et cette redondance poétique dédaignée par l'histoire naturelle, qui n'a point à faire valoir en phrases ampoulées le prestige de la fiction.

C'est ici le lieu de vous rappeller la notice qui vous fut soumise sur le *turdus cœruleus* ou le merle bleu, qui fut pris aux environs d'Agen, et qui a passé dans la collection de M. Graulhié. Cet oiseau, très-rare à ce qu'il paroît dans nos contrées, est commun dans quelques parties des Alpes; on en voit aussi beaucoup sur les ruines de l'ancienne Rome. Il a les mœurs sauvages, vit seul et retiré, dans les lieux écartés ; c'est le *passer solitarius in tecto*, emblème du pécheur dans la tristesse et l'isolement de la pénitence. Son chant approche beaucoup de celui du rossignol, mais il est infiniment plus fort. Son plumage n'a rien d'éclatant, il est gris foncé avec des reflets bleu clair, principalement sur les ailes, qu'il a plus longues que le merle ordinaire. L'apparition de cet oiseau, inobservé jusqu'ici dans le département, vous a paru mériter d'être consignée dans vos registres.

Un autre ouvrage d'histoire naturelle vient de se terminer dans le sein de la société, c'est la Flore du département de Lot-et-Garonne, ou le Recueil complet des Plantes trouvées dans ce département, et dans quelques parties des départemens voisins. Cet ouvrage, commencé il y a près de trente ans et depuis imperturbablement continué malgré toutes les crises et les événemens qui ont bouleversé la France et l'Europe, doit aujourd'hui son complément au travail d'une réunion d'amis zélés, que vous comptez tous au nombre de vos membres. Dans les temps même les plus tranquilles, une pareille entreprise est toujours longue et laborieuse ; mais lorsqu'un torrent de révolutions successives agite les esprits, et porte en tout lieu l'inquiétude et l'effroi, lorsque le botaniste devient un personnage suspect dans ses excursions paisibles, cette tâche, plus difficile et par fois dangereuse, exige et plus de temps et plus de courage pour l'exécuter. Il est d'ailleurs impossible d'imaginer, lorsqu'on est étranger à ce genre de travail, combien de temps il faut employer à la recherche des plantes, à leur dessication, à leur détermination précise ; combien de livres, la plus part très-rares, il faut se procurer ; combien de patience il faut avoir pour rapprocher, pour comparer les descriptions et les figures qu'on a publiées d'une même plante ; enfin, les voyages auxquels il faut se livrer, la fatigue qu'il faut braver, pour étendre autour de soi le rayon de ses recherches. Si l'on bornoit son ambition à composer une Flore telle que trop souvent on en voit paroître, une Flore qui, sans critique et sans synonimie, ne fût que la copie de celles qui l'ont précédée, et le répertoire fastidieux des plus grossières erreurs, nul doute que ce ne fût un ouvrage bientôt terminé. Mais loin de nous l'idée d'une semblable compilation. Le premier auteur de la Flore de Lot-et-Garonne ne l'ayant d'abord entreprise que pour son instruction particulière, entrevit, dans la suite, l'avantage qui pourroit en résulter pour la science et pour ses concitoyens, s'il leur procuroit un nouveau genre de récréation utile. Dans cette vue, il ne cessa de fomenter autour de lui le goût de la botanique ; et au premier appel fait aux amateurs de cette aimable science, il a eu la satisfaction de voir en eux des coopérateurs qui, lui communiquant leurs recherches et l'aidant de tous leurs moyens, ont véritablement mis la dernière main à son entreprise. Ainsi, la Flore du département qui renferme la description de plus de 1800 plantes, en y comprenant les cryptogames, qui offre un nombre assez considérable d'observations nouvelles, et quelques espèces encore inédites très-intéressantes, doit être envisagée comme l'ouvrage de la société, et c'est à ce titre qu'ici je la mentionne dans le résumé de ses travaux.

Le météore du 5 septembre 1814, et le phénomène qui en fut la suite, vous paroissant de nature à exciter le plus grand intérêt, vous avez jugé qu'il devoit rester dans l'histoire de la science et dans celle du département. Vous avez voulu que le rapport qui vous a été fait à cet égard, fût, non-seulement inséré dans vos registres, mais encore imprimé par forme de supplément dans le journal de Lot-et-Garonne, et envoyé à l'Institut, ainsi qu'à toutes les sociétés correspondantes.

Des fouilles ayant été faites l'année dernière dans le local de l'ancien cimetière de S.t-Caprais, qu'on sait occuper une partie de celui des chrétiens d'*Agennum*, deux de vos commissaires s'y sont transportés. Plusieurs tombeaux de marbre ou de pierre ont été exhumés sous leurs yeux. La seule particularité qui leur a paru remarquable dans ces tombeaux, est un lit de charbon, sur lequel les corps reposoient étendus. On sait, au reste, que les payens, qui d'abord firent brûler des parfums dans les tombeaux, se contentèrent dans la suite d'y renfermer des charbons, et que les premiers chrétiens conservèrent long-temps cet usage, qui ne cessa totalement, à ce qu'on croit, qu'au 13.e siècle. Nous ne pouvons donc nous fixer positivement sur la date de ces monumens sépulcraux, à moins que, par une monnoie de François I.er, présentée à vos commissaires comme trouvée dans l'un de ces tombeaux, vous ne soyez tentés de les rapporter au 16.ᵉ siècle ; mais alors il faudroit nécessairement que la coutume dont il s'agit se fût conservée dans nos contrées jusqu'à cette époque, ce qui contredit l'opinion des antiquaires, et mériteroit peut-être d'être discuté.

L'ordre des matières nous conduit à mentionner ici une dissertation, que M. *Chaubard* vous a présentée sur l'établissement de la monarchie française.

L'objet que s'est proposé l'auteur est de prouver que l'établissement de la monarchie française, regardé comme la suite des conquêtes faites par les germains sur les gaulois, est une fable inventée par les écrivains allemands ; que, loin d'avoir été vaincus, les gaulois, soldats de Clovis, se réunirent aux germains, qui marchoient sous les enseignes de ce prince; et qu'après s'être volontairement confédérés avec eux, sous le nom de francs, ils se formèrent en un seul corps de nation, et s'affranchirent de la domination romaine.

Pour parvenir à ce but, l'auteur commence par prouver que les chronologistes se sont trompés lorsqu'ils ont rapporté, après la conversion de Clovis, la réunion des gaulois arboryches, dont parle Procope dans son livre de la guerre contre les goths; selon cet historien, la réunion dont il s'agit s'est opérée avant la conversion de ce prince. Cette opinion est d'ailleurs renforcée par plusieurs passages de Grégoire de Tours, et par la lettre du pape Honorius, à Saint-Remi, rapportée par

Hincmar. La date de cet événement ainsi redressée, l'auteur rapproche le chap. 12, liv. 1.er de Procope, du chap. 27 de Grégoire de Tours, et prouve que l'on a eu tort jusqu'ici de regarder les événemens relatés dans ces deux chapitres, comme différens; tandis qu'on ne peut les comparer sans reconnoître leur identité, et le secours qu'ils se prêtent mutuellement. Alors, en réunissant la relation de Procope avec celle de Grégoire, il résulte :

Que les francs de Clovis et de ses prédécesseurs ont inutilement attaqué plusieurs fois les gaulois avec toutes leurs forces; que toujours vigoureusement repoussés par ce peuple, ils se sont déterminés à les prier de les regarder comme leurs frères, et à se réunir à eux pour ne faire désormais qu'une et unique nation ; enfin, que c'est par cette étroite alliance des gaulois avec les germains de Clovis, réunis sous le nom commun de francs, que ce prince a renversé la domination romaine dans les gaules.

M. Chaubard, dans une autre séance, vous a soumis un mémoire non moins savant, dans lequel, après avoir exposé son opinion sur la valeur relative des voyelles et des consonnes dans la formation des mots, dont il pense que les dernières seules doivent constituer la racine, il propose une nouvelle explication des inscriptions qui se voient sur les autels druidiques, trouvés en 1711 dans l'église métropolitaine de Paris, et qui sont conservés au musée des monumens français.

Notre confrère combat principalement, dans ce mémoire, l'opinion que M. Eloi Johanneau a publiée sur l'un de ces autels, dans les mémoires de l'académie celtique. Il examine cette opinion au creuset d'une étymologie raisonnée, et trouve dans l'hébreu, le grec, le latin, le celtique et même dans la langue vulgaire de nos contrées, la preuve que l'inscription dont il s'agit, loin de pouvoir être rapportée à Bacchus, ainsi que le pense M. Johanneau, signifieroit plutôt le fils du ciel ou de la lumière, c'est-à-dire, Saturne.

D'autres considérations, puisées dans l'histoire et dans la connoissance de l'antiquité, donnent encore à l'opinion de M. Chaubard un grand degré de vraisemblance. S'il est certain que dans ce genre de discussion une hypothèse ne peut guère être très-rigoureusement démontrée, celle de notre confrère se présente du moins avec l'apparence d'une probabilité suffisante ; la manière dont il l'a développée, prouve d'ailleurs qu'il est doué d'un esprit propre aux méditations les plus profondes, et donne une idée très-avantageuse de son érudition.

M. *Perés*, qui, dans l'exercice des honorables fonctions publiques dont il est revêtu, se délasse quelquefois dans la carrière des sciences, vous a communiqué une curieuse dissertation que nous ne devons point passer sous silence.

Notre confrère a pour objet de prouver que Josué, lorsqu'il commanda au soleil de suspendre sa course, connoissoit le vrai système du monde, et notamment la rotation de la terre sur son axe, qui réduit les mouvemens diurnes du soleil et de la lune à de simples apparences. Il appuie son opinion sur l'explication raisonnée du livre de Josué, chapitre 10.ᵉ, sur des notions astronomiques très-étendues, et sur une logique pressante qui caractérise un esprit dès-long-temps exercé aux discussions scientifiques.

M. *Lamouroux* le père vient de vous présenter un mémoire, dans lequel il se propose d'établir que Virgile, en décrivant la descente d'Énée aux enfers, dans le 6.ᵉ livre de l'Énéide, avoit fait connoître les cérémonies usitées dans les initiations aux mystères de Cérès et d'Eleusis. L'analogie remarquable de ces cérémonies avec celles qui s'observent lors de la réception des candidats dans une célèbre association moderne, paroît garantir à notre confrère, et la nature de cette association, et l'antiquité de son origine.

Cet intéressant mémoire est entre les mains d'une commission qui doit vous en rendre compte avec toute l'étendue et le détail qu'il mérite.

M. *Chauzenque* vous a soumis un manuscrit intitulé : *Fragmens d'un voyage en France et dans les Alpes*, fait en 1811. Ces fragmens ont tellement excité votre intérêt, que vous vous êtes empressé d'accueillir le vœu de l'auteur, en l'appelant dans le sein de la société, dont il désiroit et méritoit à tous égards de partager les travaux.

Je vous retracerois ici, Messieurs, les considérations générales que l'auteur présente dans son introduction sur les voyages périlleux et lointains qui étendent par de nouvelles découvertes les ressources et les lumières de l'homme civilisé ; je remettrois sous vos yeux le tribut d'admiration qu'il paye aux illustres voyageurs dont notre siècle s'honore, et ce qu'il dit des voyageurs plus modestes, qui, sans sortir de leur patrie, la parcourent en observateurs, et rapportent dans leurs foyers une moisson de connoissances utiles ; je vous représenterois M. Chauzenque animé d'un goût très-vif pour les sciences et pour les arts, séjournant d'abord à Paris pour y prendre les renseignemens nécessaires dans la course qu'il alloit entreprendre, partant peu de temps après de la capitale pour se rendre dans les Vosges, traversant la Bourgogne d'où il vient à Lyon, qu'il quitte bientôt pour Genève, pour les Alpes, pour le Mont-Blanc dont il escalade les gradins ; je vous peindrois, d'après lui, les vastes forêts de ces montagnes, leurs cimes élevées, leurs glaciers azurés, leur neige éternelle ; je reviendrois avec lui par les montagnes moins fières, mais tout aussi sauvages du Dauphiné. Après vous avoir tracé sous sa dictée l'intéressant récit du séjour qu'il fait à la grande Chartreuse, je le ramenerois dans sa famille par la Provence et le Languedoc, où des remarques d'un autre genre exercent sa sagacité.

Je vous montrerois notre confrère, exécutant presque toujours à pied ces longues et fatiguantes courses, s'éloignant des grandes routes, même des routes fréquentées, et marchant le plus souvent à travers les dangers de tout genre, sans autre guide que sa boussole, sans autres provisions que celles qu'il devoit au hasard ; mais cette lecture déjà prolongée, dont on m'accuse peut-être d'avoir dépassé les bornes, ne devant point s'étendre au gré de l'intérêt particulier que m'inspirent tant de zèle, de courage et d'activité, je dois me restreindre, d'autant que la lecture d'un fragment de ce voyage doit avoir lieu dans cette séance, et qu'elle fera suffisamment connoître le mérite de l'ouvrage et la touche de l'auteur.

La notice dont j'aurois maintenant à vous entretenir, offre un autre genre d'intérêt. Il s'y agit d'un fait historique, souvent discuté, mais jusqu'ici enveloppé d'épaisses ténèbres, c'est-à-dire de la condamnation des Templiers sous le règne de Philippe-le-Bel. Les historiens ne professent pas sur cet événement une opinion uniforme. Soit que l'ignorance les aveugle, soit que le préjugé les égare, il sont loin d'être d'accord ; et quelqu'ait été le succès de la tragédie des Templiers de M. *Raynouard*, on est suffisamment autorisé à regarder la question comme encore indécise. Le doute qui reste à cet égard devoit donc naturellement provoquer de nouvelles recherches. Celles dont M. *Lafont-du-Cujula* vient de vous présenter les résultats, sont susceptibles d'exciter le plus grand intérêt ; mais la crainte de fatiguer votre attention ne me permet point de me livrer à leur analyse. Je dirai seulement ici que notre confrère, après avoir consulté les divers auteurs qui ont parlé de ce grand procès, après les avoir rapprochés, comparés et jugés au flambeau d'une critique très-juste, très-éclairée et très-impartiale, conclut, avec la meilleure partie des écrivains modernes, que ces religieux militaires pouvoient être coupables, mais furent illégalement condamnés.

Cette notice est accompagnée de deux très-jolis dessins, exécutés par l'auteur, et qui représentent deux Templiers, l'un en costume de guerre, l'autre en habit de paix.

Je passerai sous silence plusieurs pièces de vers qui vous ont été adressées, et ne mentionnerai que celles que vous devez à vos associés non résidens, ou bien à vos correspondans : celles de M. *Chaudruc*, déjà imprimées dans le Mercure, de M. *Viennet*, insérées dans le journal de Toulon, et de M. *Albert*, qui vous a fait parvenir le recueil manuscrit de ses poésies légères, ainsi que des fragmens de son poëme de Joseph. Des rapports de M. *Hypolite Phiquepal* vous ont fixé d'une manière avantageuse sur ces divers ouvrages.

Plusieurs sociétés savantes, littéraires, et d'agriculture, vous ont transmis le précis de leurs travaux et les programmes qu'elles ont publiés.

La société d'agriculture de Paris, surtout, vous a fait de fréquens envois de ce genre. Les ministres de l'intérieur qui se sont succédés, vous ont constamment communiqué toutes les instructions qu'ils ont jugé à propos de répandre, et qui avoient pour but quelque objet d'utilité publique. Vous recevez très-exactement par cette voie les cahiers des annales de l'agriculture française. MM. les préfets ont quelquefois daigné vous consulter sur différens objets relatifs à vos travaux, et vous ont constamment adressé tout ce que dans leur carrière administrative ils jugeoient pouvoir vous être utile ou vous intéresser; enfin, le conseil général du département, au milieu des circonstances qui lui commandoient la plus sévère économie, a toujours voté les fonds qui vous sont indispensables, le ministre n'a cessé de les allouer, et ils vous ont été comptés lorsque les extrêmes besoins de l'état ont pu le permettre.

Je termine ici, Messieurs, le rapport que j'avois à vous présenter. En y voyant le résumé de vos travaux, la bienveillance du gouvernement qui les protège, et celle de l'administration qui les soutient, vous y trouverez, je n'en doute pas, de nouveaux motifs d'encouragement, et votre plus douce récompense.

M. *Saint-Génis*, ingénieur en chef du département, membre de l'institut d'Egypte, a donné ensuite lecture d'un mémoire descriptif des ruines et des environs de l'ancienne ville d'*Eiletheya*, aujourd'hui *El-Kab*; ce mémoire, accompagné de planches, fait partie du grand et bel ouvrage publié par ordre du gouvernement sur l'expédition d'Egypte.

M. de *Godailh* a lu une traduction en vers de la scène de la tragédie d'*Ottavia*, par Alfiéri, où Néron accuse son épouse Octavie, qu'il a fait amener devant lui, et qu'il veut sacrifier à Poppée.

M. l'abbé *Roche*, principal du collége d'Agen, a lu, pour M. *Vigué*, absent, un conte philosophique intitulé : *M. de Sourdis, dans le pays des Oreillons.*

M. Rd. *Noubel* a lu, pour M. *Chauzenque*, absent, une *description de la grande Chartreuse de Grenoble*, extraite d'un voyage pittoresque dans quelques départemens de la France.

La séance a été terminée par la lecture qu'a donnée M. de *Saint-Amans*, d'une épitre en vers de M. *Vigné*, sur une *visite faite par l'auteur au presbytère de Noaillac*.

La société publiera incessamment les sujets des prix qu'elle doit distribuer.

FIN.